¿Se espera que Hables?   ¿Estás obligado a Hablar?   ¿Quieres hablar?

60 MINUTOS

PARA HABLAR

MEJOR EN PÚBLICO

KEVIN ABDULRAHMAN

"COACH DE DISCURSO PÚBLICO DE LÍDERES Y FAMOSOS"

i

Mucha gente no asegura Resultados Rápidos.

Yo sí.

SOBRE EL AUTOR

Asesor y Coach de discursos y charlas públicas de famosos y líderes eminentes.

La larga lista de clientes de Kevin Abdulrahman incluye Actores, Asociados, Embajadores, Consejeros, Directivos de Junta, Directores Ejecutivos (CEOs), miembros de juntas directivas, Delegados, Ejecutivos, Emprendedores, Altos Directivos, Líderes de Pensamiento, Socios, Presidentes y Realeza.

PRÓLOGO

La mejor inversión que puedes hacer en la vida es invertir en ti mismo.

Como conferenciante internacional y embajador que soy, te puedo decir que la importancia de hablar con impacto es innegable.

Conozco a Kevin de hace varios años. Es famoso por su capacidad de preparar a los *líderes mundiales* en comunicación y requisitos para habar en publico.

Su fuerza y hablidad subyacentes se encuentran en su habilidad para conectar y transferir lo que sabe a los demás.

He disfrutado leyendo este libro, ya que Kevin ha sido siempre muy bueno dando sus clases de hablar en público de forma divertida y precisa. En unos de sus capítulos, habla sobre '*pintar la imagen*', y desde la experiencia personal, os puedo decir que esta idea por sí sola ha marcado una gran diferencia en las charlas que doy a mis públicos de todo el mundo.

Las mejores personas, profesionales y líderes son, a menudo, recordados por su capacidad para hablar con impacto.

Atrás quedan los días en que podías esconderte destrás del escritorio.

Si quieres que te tomen en serio, conseguir financiamiento para un proyecto,persuadir a tus compañeros de equipo, liderar con influencia y hablar para ser escuchado, tienes que perfeccionar tus habilidades de discurso público.

Hoy en día, te encontrarás con que, o bien se espera que hables, o bien es obligatorio que hables. Como Kevin dice, *no te puedes escapar de hablar en público.*

Kevin ha cogido un tema serio (y temido) y lo ha convertido en una guía fácil de leer (y de poner en práctica). Cualquiera puede mejorar, transmitir mejor, y sentirse mejor - en 60 minutos.

El dominio de Kevin en la materia de hablar en público es tal, que ha sido capaz de tratar una cuestión muy significativa, de forma simple.

Esto, por sí solo, ya dice mucho.

Cuando leas este libro, entenderás lo que digo.

Si necesitas una guía rápida para hablar mejor y vas contra reloj, este libro es para ti.

60 minutos es todo lo que te hará falta para mejorar tu discurso público.

Recuerda mis palabras. esta será una de las mejores inversiones que vas a hacer en tu vida.

Su Excelencia Sheikh Mohammed Bin Abdullah Al Thani,
"El Primer Qatari en Llegar al Everest"

DEDICATORIA

Solo tú puedes extraer el valor real de las palabras escritas.

Aprende, aplica, y continúa construyendo y perfeccionando tu habilidad para hablar en público toda la vida.

Tú eres una parte de este libro tanto como este libro será una parte de ti.

AGRADECIMIENTOS

Este libro es una obra de amor. Gotas detiladas de decenas de miles de horas pasadas trabajando con algunas de las figuras más célebres, líderes de pensamiento y mentes inspiradoras de alrededor del mundo.

Nombrarlos a todos requeriría un libro entero por sí solo. Estoy eternamente en deuda y agradecido por el tiempo que hemos pasado, y continuamos pasando juntos.

Sois la inspiración y la suma total de lo que hoy ofrece el libro.

Para que este concepto funcionara, hizo falta un largo proceso de eliminación.

Se tuvieron que quitar muchas cosas para permitir que las técnicas más fáciles de aplicar pudieran estar dentro.

¿QUÉ ES HABLAR EN PÚBLICO?

Si tu intención es comunicar un mensaje específico a un grupo y conseguir unos resultados deseados, están hablando en público, o lo que es lo mismo, dando una charla o discurso público.

Bien sea porque estés intentando influenciar a los miembros de una junta directiva, encabezar una reunión de empleados, dirigirte a tu asociación, representar a tu compañía como embajador, hacer un sermón o presentar tu proyecto, vas a tener que ponerte delante de todos y hablar.

En este mundo competitivo, la gente experta y con éxito sabe que su capacidad para hablar en público es una habilidad *crucial*.

Unos se dan cuenta pronto, y otros, más tarde.

Pero todo el mundo llega a a misma conclusión- no puedes escaparte de Hablar en Público.

Hablar en público es imprescindible para cualquier persona, profesional o líder – hagas lo que hagas.

Hay una demanda, en cada persona y en cada nivel, de comunicar eficientemente.

Yo llevo mucho tiempo en este mundillo.

He visto a demasiadas personas salir a hablar y hacerlo mal. Algunos cancelan su charlas, su oportunidad de hablar y tener éxito, mientras que otros van hasta el extremo de conseguir otros compromisos en otros lugares en las mismas fechas en los que se les necesita para dar una charla, todo con tal de evitar tener que hablar en público por tan solo dos minutos.

Tal vez has ignorado el hablar en público, como algo que no necesitabas para vivir. O tal vez, como muchos otros hoy en día, has estado tan centrado en tu trabajo que, hasta ahora, habías pasado esta habilidad por alto.

No eres el único.

La mayoría de personas se sienten incómodas con su habilidad para hablar en público.

Creen que podrían ser más buenos.

El desafío que respresenta hablar en público no es algo en lo que puedas quedarte dormido y dejar que pase, escaquearte o esperar que simplemente desaparezca. No lo hará.

Así pues, es mejor que lidiemos con ello de la forma más simple y en el estilo más efectivo con el que te puedes enfrentar a cualquier desafío y superarlo – directamente.

"La única manera de salir de un problema es pasando a través de élt"

Anónimo

¿CUÁL ES TU REALIDAD?

i)   Nunca has pensado en hablar en público.

ii) Has estado ocupado y nunca te has puesto a ello.

iii) Has comprado muchos libros pero no los has leído nunca.

iv) Estás en un cargo en el que la gente espera que hables.

v)   Tienes la obligación de hablar. No te puedes echar atrás.

vi) Quieres convertirte en un gran orador público.

Hoy en día, nuestros contratos de consultoría con compañías privadas y organizaciones públicas están centrados, en su mayor parte, en la formación en comunicación en todos los niveles.

Los mejores equipos quieren que toda su gente, desde los encargados de ventas y managers de nivel medio hasta sus directores ejecutivos, miembros de la junta directiva y Presidentes, hablen con *impacto*.

¿Por qué? Porque,

Tu habilidad de comunicar con fuerza, y hablar con impacto se reflejará en como el público va a percibirte a *ti*, tu valor, tus productos, tus servicios, tu compañía, tu marca y, en última instancia, tu credibilidad y competencia. ¡Pero tú esto ya lo SABES!

EN UNA ESCALA DEL 1 AL 10

¿CÓMO TE SIENTES CON RESPECTO A TU HABILIDAD PARA
HABLAR EN PÚBLICO?

1   2   3   4   5   6   7   8   9   10

No muy confiado   Totalmente Confiado

                                         (Si es 10, no deberías
                                         estar leyendo este libro)

"Todos los mejores oradores fueron
malos comunicadores al principio "

Ralph Waldo Emerson

PREFACIO

He escrito este libro sin pensar en editores, distribuidores o vendedores.

Está escrito simplemente para ti, la persona que quiere mejorar en hablar en público.

Como la comediante Tina Fey escribió de lo que aprenció de su jefe en 'Saturday Night Life', Lorne Michaels, "el show no empieza porque estás listo; el show empieza porque son las *once y media*".

Estás buscando algo conciso y completo.

Has escogido este libro por una razón específica.

60 minutos es lo único que tienes.

Estás en un estado mental 'rápido y furioso', habiendo dejado tu charla, presentación, discurso público para el último minuto.

Aún así, tienes que causar impacto.

Quieres algunas ideas y técnicas poderosas y que funcionen para poner en práctica immediatamente.

He trabajado duro para asegurarme que cada palabra incluida (y las decenas de miles descartadas) te ayude de verdad con tus charlas en público, *de inmediato*.

He montado el libro para que lo uses como referencia (sobrevivir y mejorar) cada vez que tengas que salir a hablar.

Quiero que disfrutes hablando en público tal como he enseñado a hacerlo a miles de otras personas en mis seminarios por todo el mundo – de un modo relajado y irressitible.

Las ideas y técnicas son *fáciles* de implementar, pero aun así, *significativas* en la diferencia de resultados que te darán.

Si sientes que estás muy cerca de las once y media, puedes estar tranquilo, *estoy aquí contigo*!

60 minutos para hablar mejor en público te ayudará a convertirte en un orador público mejor.

Esta es mi promesa.

Estas técnicas les han funcionado a Presidentes.

Te funcionarán a ti.

¡Tus 60 minutos empiezan AHORA!

1. ESCUCHA A MAMÁ

Puede que te sientas incómodo ante la idea de tener que hablar.

Ansioso, estresado, tenso, rigidez en el cuello, garganta ronca, boca seca, tal vez incluso pensando en fingir que estás enfermo (algo que visto pasar demasiadas veces), todo esto por que tienes que dar una charla pronto.

Mamá siempre me decía esto cuando era niño,

"Kevin para. Respira lenta y profundamente 10 veces, 10, 9 , 8, 7, 6, 5, 4, 3, 2, 1. Vale, ahora ve y enfréntate al mundo".

Sé lo que estás pensando.

Yo pensé lo mismo.

¿Qué tiene que ver respirar con quitarme los nervios de hablar?

Sin meternos mucho en ciencia, cuando paras un momento y respiras larga y profundamente diez veces, estás llenando los pulmones y el cerebro con más oxígeno.

También verás que todo va más despacio (como en las películas) y empezarás a sentirte más relajado.

Asegúrate que repiras plenamente, llenando el diafragma (el área justo debajo de la caja torácica). Una buena respiración profunda debería hacer que tu estómago sobresaliera como si te hubieras tragado todas las cenas de la semana de golpe.

Mi madre es ahora la tuya, lo que significa que tenemos que escucharle.

Respira diez veces profundamente.

Tardarás menos de 2 minutos.

Dos minutos que marcarán toda la diferencia.

"El cielo sobre mí, la tierra debajo de mí, el fuego dentro de mí"

SKYRIM

2. EL SECRETO AL DESCUBIERTO

He ayudado a decenas de miles de clientes, de todos los ámbitos de la vida, compartiendo con ellos mi secreto.

¿Quieres saber cuál es?

Acércate, para que pueda decirte lo que les dije a ellos.

Diviértete.

Estás diciendo "Kevin, soy un intelectual. Tengo que hablar de algo que está en la categoría de lo aburrido pero importante".

Aún así, te diré lo mismo – Diviértete.

Mucha gente, incluido tú mismo, se ha olvidado de la hablidad y deseo innato de los seres humanos de divertirse.

Funcionas mejor cuando te lo estás pasando bien, y sinceramente, no me importa lo serio en que te hayas convertido, sabes como divertirte. O al menos lo supiste en algún momento de tu vida.

Dime, ¿cuándo fue la última vez que fuiste a una charla, formación, rueda de prensa, evento comercial, congreso o conferencia con la intención voluntaria de *aburrirte lo máximo posible*?

No lo has hecho nunca.

Créeme entonces cuando te digo que tu público (sea el que sea) no es distinto de ti y de mí.

No quieren estar aburridos y quedarse dormidos hasta entrar en coma.

Les *encantaría* disfrutar y sentirse identificados cuando te escuchan hablar (incluso sobre un tema serio)

Divertirse es una actitud.

Cuando elijas esta actitud, aprenderás más, te esforzarás por perfeccionar tus pensamientos, preparar tu mejor trabajo, pulir tus habilidades para hablar en público aún más y asumirás valientemente todas las oportunidades que tengas para dar charlas.

Cuando te diviertes, el público es mucho más receptivo a tus pensamientos, ideas y sugerencias.

Cuando te divertes, el público te ve como a alguien carismático, cómodo, confiado y al mando.

Ahora dime, ¿No quieres todo esto?

Claro que lo quieres.

3. NO ES TAN MALO

Esta es otra pregunta que les hago a mis clientes.

¿Qué es lo peor que puede pasar como resultado de tu charla en público?

Quiero que lo escribas.

_____

_____

En la mayoría de casos, todo el mundo vive un día más.

Si no es así, leer este libro y esperar respuestas es una solución poco realista para lo que necesitas.

Si no es cuestión de vida o muerte, relájate.

"Incluso cuando te caes de frente,

te estás moviendo

hacia adelante"

Robert Gallagher

4. SOLO UN PENSAMIENTO

Puede ser que te preocupe lo que el público va a pensar, cuando estés ahí en frente, listo para empezar a transmitir tu mensaje.

Déjame decirte lo que no van a estar pensado:

"Jajaja mírala. Está muy nerviosa. Que pringada."

Lo que sí van a estar pensando (el 99.99% del tiempo) es,

"uuuuf madre mía, que contento estoy que no soy yo el que está ahí delante de todos."

"Si estás pasando por un infierno, sigue adelante"

Winston Churchill

5. ENFÓCALO BIEN

Al pedirles que den una charla, muchas personas a menudo hablan de lo geniales que son, de lo que va su empresa y de los increíbles productos y servicios que pueden ofrecer.

¡¡¡PARA!!!

Tú eres el que habla, pero evita cometer el error de dar una charla que esté enfocada en ti mismo (y lo que tú representas).

Todo tu mensaje tiene que estar enfocado hacia un principio de vida muy simple 'QSYDE' – Que Saco Yo De Esto.

Cada vez que estés creando tu mensaje, pregúntate a ti mismo "¿Qué va a sacar mi audiencia de esto?"

Si vienes del sector de ventas, entonces ya sabrás que la gente no compra características (enfoque equivocado).

Compran beneficios (enfoque correcto).

Esto no va de lo bueno que eres tú o tu grupo, sino de cómo puede beneficiarse el público con lo que vas a ofrecer.

Siempre cuenta con este elemento crucial.

Enfócalo antes de Expresarlo.

"El objetivo de la comunicación eficaz
tiene que ser que los oyentes digan '¡Yo
también!' en lugar de '¿Y qué?' "

Jim Rohn

6. EL MIEDO Y TÚ

Algunos de los miedos más comunes que la mayoría de gente sufre relacionados con hablar en público son:

Miedo a lo desconocido

Miedo a ser rechazado

Miedo a parecer un idiota

Miedo a ser excluído

Miedo a algun problema que sucedió en el pasado

Miedo a hacerlo mal

Miedo a quedarse en blanco

Miedo a parecer un incompetente

Miedo a parecer poco natural

Miedo a no gustar o a no ser querido

Aplica lo que estoy compartiendo contigo en este libro, y cada uno de estos miedos desaparecerá.

Tu pasado no es tu futuro.

¿Y qué si cometes un error cuando sales a hablar?

Nos pasa a todos, incluso a los mejores.

Todos estos miedos se derivan de experiencias anteriores, experiencias de otras personas, y un punto de referencia incorrecto – tú.

Vamos a enfrentarnos a ello.

"No debo sentir miedo.

El miedo mata a la mente. El miedo es la pequeña muerte que trae destrucción total.

Me enfrentaré a mi miedo.

Dejaré que pase por encima mío y a través de mi. Y cuando haya pasado, giraré mi ojo interior para ver su camino.

Cuando el miedo se haya ido, no quedará nada.

Solo quedaré yo. "

Frank Herber

7. ¿POR QUÉ TAN SERIO?

¿Así que tienes que dar una charla?

¿Por qué estás tan serio?

Si estás angustiado, es que no tienes las cosas muy claras.

Crees que esto va sobre ti.

¡Notícia de última hora! *No* va sobre de ti.

Va sobre tu público.

Tu papel es transmitir un mensaje.

Tu papel es preocuparte por tu público, que te importe.

Que te importe lo suficiente como para asegurarte que recibe el mensaje deseado.

¿Te ha pasado alguna vez que, caminando por la calle , un completo desconocido te ha sonreído?

En la mayoría de casos, la reacción más natural y instintiva sería sonreir de vuelta.

Hay una ley humana, poderosa en los resultados que da, pero muy simple de aplicar.

La ley de la *reciprocidad* dice que nosotros, como seres humanos, tendemos a reciprocar lo que recibimos.

A la gente no le importa cuánto sabes hasta que *saben cuánto te importa*.

Nos gustan aquellos a los que gustamos.

Queremos a los que nos quieren.

Nos importan aquellos a los que importamos.

Te va a ser muy difícil encontrar a alguien que te caiga bien, y al que tú le caigas mal. Si lo encuentras, felicidades, pero no hay muchos casos.

Preocúpate por el público.

Verán que les importas, lo apreciarán y como resultado reciprocarán este sentimiento, les importarás y te escucharán.

8. RE-ETIQUETA TUS SENTIMIENTOS

Piensa en la primera vez que tuviste una cita.

Emocionado. Nervioso. Inquieto. Con el corazón a mil por hora. Mariposas. Algunas o todas las anteriores.

¡Pero le pusiste la etiqueta de algo *positivo*!

Tú controlas la etiqueta que pones a tus sentimientos. Cada vez.

Funciona igual cuando hablas en público. Re-etiqueta tus sentimientos.

Etiqueta inútil	Nueva Etiqueta Positiva
Inquieto	Bien. Estás vivo
Flipando	Excitado
Nervioso	Eres una estrella de rock. Hazlo lo mejor posible.
Te da miedo	Igual que tener un bebé. Pero es muy divertido.
Sin poder dormir	Bien. Más tiempo para practicar.

Los mejores oradores usan trucos mentales

A ellos les funionan.

Te funcionarán a ti.

"Mira hacia el sol, y las sombras
quedarán detrás de ti"

Proverbio Maorí

9. EVALÚA TU COMPETENCIA

Si esto fuera un ring de boxeo, te estarías enfrentando a un rival que nunca ha sido vencido, su alcance es dos veces más largo que el tuyo, es tres veces más grande que tú, y uy, casi se me olvida, está considerado el campeón del mundo. ¡Buena suerte!

Podemos decir con seguridad que no vas a ganar este combate.

Buenas notícias. No estás en un ring de boxeo.

Malas notícias. Tu rival es mucho mas fuerte y feroz de lo que he descrito.

Cuando hablas, te estás enfrentando a lo que aún se considera la máquina más poderosa de la historia de la humanidad.

No estás tratando con un smartphone o una tableta.

Te estás enfrentando a la poderosa *mente.*

Mucha gente habla, de media, entre 120-180 palabras por minuto. Esto es lento como una tortuga, si lo comparamos con las más de 400 palabras por minuto que el cerebro puede procesar.

Lo que significa: Si haces una actuación aburrida, estándar o débil, en cuestión de minutos, los dos (tú hablando y la mente de la audiencia) estaréis a kilómetros de distancia.

> "El problema más grande en comunicación es pensar que esta comunicación ha sucedido"
>
> George Bernard Shaw

Y por si esto fuera poco, tengo más malas notícias para ti.

El transtorno de déficit de atención (A.D.D) se solía describir como el termino clínico para etiquetar a los que no paraban quietos.

Gracias a los bips, twits, pings, rings y dings mentales, yo creo que hoy en día todo el mundo sufre de A.D.D (Siendo un servidor uno de los primeros de esta lista).

¿Qué te parece esto para un combate brutal?

Solución:

Sé Astuto.

Estate Preparado.

¿Cómo?

Sigue leyendo.

10. DIBUJA LA LÍNEA DE META

Lo más probable es que seas un experto en aquello de lo que tienes que hablar.

Esto quiere decir que probablemente puedes estar hablando del tema durante semanas.

Intuitivamente, estás pensando, *genial.*

Pués no. No en este caso.

El público no te va a dar minutos de su tiempo, y mucho menos una semana entera.

Tu público está preocupado por otras cosas más apremiantes en la vida.

No tienen tiempo para charlas sin fin.

Si te vas *por las ramas*, no te van a dar ni un minuto.

Mucha gente considera que tiene que elaborar y ampliar su mensaje desde el primer momento.

Puede que suene bien, pero no.

Hay dos preguntas muy importantes que si quedan sin responser, el resultado son individuos que se sienten frustrados y completamente alejados de su audiencia. El problema - no hay un final en mente.

Tienes que empezar dibujando tu línea de meta.

Responde a estas dos preguntas,

¿Cuál es el propósito de que vayas a hablar?

_____

¿Qué quieres que el público recuerde (o haga) después de haberte escuchado hablar?

_____

Lo sé, puede que te sea difícil articular una respuesta válida al principio. Pero *debes* presionarte a ti mismo hasta que lo tengas claro como el agua.

Este es el punto central desde el que establecerás un sentido claro de la dirección.

Considera esto. Estás a punto de salir de tu oficina y meterte en el coche. La pregunta que deberías haber contestado correctamente en algún momento antes de empezar a conducir sería algo parecido a "*¿hacia dónde estoy conduciendo?*"

Así que te pido que te hagas la misma pregunta sobre tu charla.

¿Hacia dónde estás conduciendo con tu charla?

¿A qué lugar estás llevando a tu audiencia?

Solo cuando hayas establecido una línia de meta, podrás empezar.

11. DEJA QUE LLUEVA

Vuélvete loco.

Escribe *todas* tus ideas en papel.

Escribe por todos lados.

Escribe incluso si no tiene ningún sentido.

Escribe sin editar.

Escribe con libertad.

Escribe en abundancia.

Escribe como si fueras a ganar una segunda vida.

Escribe todo lo que te venga a la cabeza.

Si el tiempo lo permite, tómate un descanso. Tal vez cuando estés haciendo la compra más tarde durante el día, se te ocurrirán más cosas. Siempre pasa. Vuelve, y escribe.

Escribe hasta que no puedas más y estés agotado.

Al esbozar y escribir tu charla o discurso, tienes mi permiso para hacer una lluvia de ideas con total libertad.

Este es el lugar, y tal vez el único momento en el que tendrás libertad para soltar cualquier galimatías.

> Cuidado: Muchos profesionales dan sus charlas durante esta etapa, y luego se preguntan porque el público tiene la miraza acristalada y han caído en un coma profundo.

A TI NUNCA TE PASARÁ.

"Todo aquél que habla tiene una boca;
Una estructura bastante buena.
Algunas veces está llena de sabiduría.
Otras, está llena de pies."

Robert Orben

12. UN PROCESO PESADO

Una vez has hecho una lluvia de ideas con los mejores pensamientos, ideas, historias, analogías y ejemplos, llega el proceso de filtraje.

Al principio es divertido, pero cuantas más cosas tienes que quitar, más duro y pesado se vuelve.

Si algo va de acuerdo con tu propósito, se queda.

Si no, *se quita*.

Todo el mundo cree que sus ideas son geniales (y puede que lo sean), pero la mente del público *no tiene piedad*.

Desafortunadamente, no puedes permitirte el lujo de ser emocional con tu contenido.

Si aburres o confundes a tu audicencia, ignorarán tu mensaje.

No hay segundas oportunidades.

Este libro tenía originalmente más de 500 páginas (ya editadas).

Imagínate la crueldad sufrida para entregar una versión condensada de 60 minutos.

Si tengo que hablar diez minutos,
necesito una semana para prepararme;

si son 15 minutos, tres días;

si es media hora, dos días;

si es una hora, estoy listo ahora.

Woodrow Wilson

Date cuenta que, cuanto menos tiempo tengas para transmitir tu mensaje, más duro *vas* a tener que trabajar.

Ahora te tengo pensando.

"¿Qué debe quedarse? ¿Qué debe irse?"

Pensaba que no me preguntarías nunca.

13. ¿ME QUEDO O ME VOY?

Vas a tener que enfrentarte con la eliminación de varios trozos y pedazos.

Lo que tienes que preguntarte es

1. ¿Cuál es el propósito de charla?

2. ¿Esto sigue la misma línea que los resultados que quiero conseguir?

3. ¿Va acorde con el resto?

4. ¿Fluye? (hablaremos de esto pronto)

En muchos casos, cuando hemos trabajado con clientes, hemos quitado tanto material bueno que ellos lo han usado para preparar un par de charlas diferentes a partir de lo descartado. Lo almacenaron en su banco de reserva de contenidos para usarlo en un futuro. Tú puedes hacer lo mismo.

A veces tus datos, pensamientos e ideas parecen geniales al principio, pero después simplemente ya no suenan bien. O puede que no se ajusten con el resultado que quieres conseguir.

¿Qué haces entonces?

Borrar.

Continúa quitando cada pedazo de exceso de grasa del cuerpo, hasta que la pieza, presentación, charla o discurso público acabe siendo una máquina de músculos de carne magra que esté lista para participar en una competición feroz.

"Si no lo puedes explicar de forma simple, es que no lo entiendes lo suficiente"

Albert Einstein

14. ¿EDWARD QUIÉN?

Edward Everett raramente es recordado como un orador importante.

¿Te acuerdas de él?

No te preocupes. En todos estos años solo un 5% de los participantes en mi seminario han oído hablar de él.

En 1863, Edward fue un orador principal importante. Habló durante más de dos horas.

Entonces, ¿por qué es tan especial no recordar a Edward y su discurso de dos horas?

Porque probablemente, sí que habrás oído hablar del otro hombre que habló justo después de él - Abrahan Lincoln.

Él *no era* el orador principal aquel día.

No tuvo las dos horas que Edward Everett tuvo.

Sin embargo, hasta este mismo día, Abraham Lincoln aún es recordado por haber hecho el icónico *Discurso de Gettysburg*.

¿Cuánto duró su charla?

Dos minutos. 10 frases. 272 palabras.

15. LLAMA SU ATENCIÓN

"Buenas tardes señoras y caballeros.

Gracias por venir. Hoy voy a...."

Empieza diciendo esto, y la mente subconsciente del público recibirá la señal (porque ya saben lo que viene a continucación, basado en sus dolorosas experiencias del pasado) de que

a. ¡¡Esto va a ser un ABURRIMIENTO!!

b. ¿Porqué estoy aquí? Tengo que ponerme al día de mucho trabajo.

c. ¿Quién parece que está más cómodo? Me apoyo a la izquierda o a la derecha para dormir.

Has perdido el partido con tu introducción.

Si no puedes cautivar a tu audiencia al principio, no vas a tener ninguna posibilidad de transmitir un gran mensaje (no importa lo bueno que seas).

La gente hoy en día está mentalmente ocupada, gastada y cansada.

Tu público normalmente estará (y no te tomes esto personalmente) distraído, estresado por la cantidad de trabajo que tienen, traumatizado por emails que se acumulan, los niños, qué cocinar para la cena, te haces una idea.

Lo que no necesitan es a otra persona intentando quitarles espacio en sus cabezas.

Si entras como todo el mundo, estás cantado una nana – *¡Hola Coma Profundo!*

Puede que estés habando a una sala llena. Date cuenta que es una sala llena solo de cuerpos.

La sala está mentalmente vacía.

Tu trabajo es traer al público mentalmente a la sala.

Llama su atención.

"¿Cómo lo hago?", oigo que preguntas.

"Ningún mar en calma hizo experto a un marinero"

Proverbio africano

16. EMPIEZA DIFERENTE

"Creo que mi carrera acaba de alcanzar su punto máximo" fueron las primeras palabras de Colin Firth al recibir el merecido Oscar por su papel en la película "El discurso del Rey" (The King's Speech)

Puedes contar un hecho sorprendente que no sea algo comunmente conocido para captar la atención de la gente. Por ejemplo, igual estás en el sector de la aviación y tienes que hacer una charla sobre un aspecto específico - seguridad.

"¿Sabíais que las posibilidades de tener un accidente mortal son 8 veces más grandes cuando conduces que cuando vuelas?

Puede que el tema del que tienes que hablar sea aburrido.

Puede que sea importante.

Pero no tienes ningún derecho a usar esto como razones para adormecer a tu audiencia.

Sé Creativo .

Empieza la charla desde la mitad de la sala.

Empieza desde el fondo.

Empieza hablando de un dilema.

Empieza con un hecho.

Empieza con impacto.

Empieza con una cita.

Comparte una anédota.

Empieza con una distracción (pero algo que sea importante y relacionado con lo que quieres decir)

Comparte y enseña tu idea o opinión a través de una acción.

Imagínate llegar a un evento y que el conferenciante de la noche, para explicar sus ideas, haya decidido entrar llevando el pijama puesto.

(si no lo has visto antes, busca en Google 'Leadership Speaker Pyjamas')

Despierta la mente de tu audiencia.

Llama su atención, o ya puedes irte a casa.

"Cualquiera que renuncia a la libertad por tener seguridad no merece ninguna de las dos cosas"

Benjamin Franklin

17. NO ME IMPRESIONA MUCHO

Demasiado a menudo, las charlas y presentaciones públicas van mal porque el que habla piensa que ha llegado el momento de alimentar su propio ego.

He visto profesionales perder el tiempo que tienen para hablar, en demostrar sus habilidades, vocabulario de jerga, escenarios complejos y presentaciones estrafalarias.

Dicen demasiadas cosas sin importancia, supuestamente para que parezca que son listos.

Déjame decirte, no hay nada de listo en hacer todo esto.

Lo único que consigue es alejarte de tu *propósito* como hablante.

Tu objetivo no es impresionar al público.

Tu objetivo es *transmitir* tu menjase.

Haz esto, y el público quedará impresionado.

Este es tu 'show time', pero *no* es tu tiempo para presumir.

Este es el tiempo (un tiempo muy limitado) que tienes para comunicar tu mensaje con claridad, propósito y impacto.

No digas galimatías.

No uses jerga (a no ser que todo el público hable esa jerga).

El vocabulario que uses no tiene que estar pensado para impresionar a la gente (si eso es lo que quieres hacer, deberías convertirte en rapero)

No seas estrafalario.

Simplifica.

Da tu charla con la simplicidad con la que hablarías a un niño de 9 o 10 años.

Como todos los grandes oradores, Winston Churchill entendía el poder de la simplicidad.

Cuando hizo su famoso discurso de octubre en 1941, escogió un mensaje clave y lo transmitió,

"No nos Rendiremos. No nos Rendiremos. Jamás. Jamás. Jamás"

Un mensaje clave repetido una y otra vez.

Preciso.

En el clavo.

Así es como transmites con impacto.

Serás impresionante.

"Piensa como un hombre sabio pero comunícate en el lenguage del pueblo"

William Butler Yeats

18. DEJA QUE FLUYA

¿Alguna vez has mirado un río?

Simplemente fluye. Sin Esfuerzo. Magnífico

Cuando te salgas a hablar en público, quiero que pienses en tu mensaje como si fuera un río. El flujo de información tiene que tener sentido, sin esfuerzo.

He visto a gente dar charlas sin sentido, esperando que su audiencia lo entendiera todo de algún modo.

¡Despierta!

Si lo que dices no tiene sentido para ti, entonces no tendrá ningún sentido para la audiencia.

Si está todo confuso en tu cabeza, será como una tormenta de arena en las cabezas de tu audiencia.

Si la audiencia tiene que pensar en ello, ya los has perdido.

La última cosa que quieres es un público que esté tratando de descifrar lo que acabas de decir.

Dejarán de escucharte. Punto.

¿Tu público no tiene oportunidad de cuestionarse lo que realmente quieres decir?

Tu público no tiene tiempo de pensar en lo que estás diciendo.

Relee la línea de arriba hasta que se te quede grabada.

Di lo que entiendes. Entiende lo que dices.

Tu discurso tiene que ser uno que sea *fácil* de entender en las mentes del público.

No estoy degradanto al público.

Son listos. Y también son mentalmente perezosos.

Simplemente no quieren pensar o tener que pensar.

Tienen que ser capaces de seguirte con absoluta facilidad.

Tú eres el que está de pie.

Tú eres el que está comunicando.

Tú eres el responsable de que tu mensaje tenga sentido. No el público

Recuerda que un río fluye sin esfuerzo.

¿Está fluyendo tu río de información?

""Aquel que quiere persuadir tiene que poner su confianza, no en el argumento correcto, sino en la palabra adecuada""

Joseph Conrad

19. TRANSFÓRMALO EN UNA PELÍCULA

Evita memorizar.

Esto puede sonar poco intuitivo, ya que muchos profesionales con experiencia sonríen con orgullo al decir que han memorizado su charla, discurso o presentación.

Acabarás con el cerebro lleno, y al final te entorpecerás a ti mismo cuando sea el momento de hablar

Si quieres estar calmado, fresco y relajado antes de tener que hablar, *libera* tu cerebro de cargas innecesarias.

Estructura tu mensaje - como la línea argumental de una película.

Entonces, como en cualquier historia o película, podrás visualizar y recordar los eventos porque tendrán sentido *lógico*.

Piensa en la última vez que charlaste con un amigo y recordaste una peli que habías visto, unas vacaciones que acabaste de hacer o incluso lo que hiciste durante el fin de semana.

Tu historia tenía un principio, seguido de una serie de eventos, y un final.

Fluía. ¿Recuerdas? El río fluye.

Puede que hayas recordado todos los detalles, o igual te has olvidado un par de cosas pequeñas.

Pero la historia ha fluido, de el principio a fin.

Una simple línea argumental puede ayudarte a visualizar y conectar tus ideass (con la ayuda de activadores) de principio a fin.

No memorices tu charla. Conviértela en una película.

20. DALE VIDA

Demasiados profesionales se levantan y comunican su mensaje , con datos y gráficos.

Asumen que el público son criaturas lógicas.

Lo siento, odio tener que decirte esto, pero somos criaturas emocionales. Preferimos visuales vívidos mil veces antes que números que nos hacen dormir.

Si quieres comunicar hechos con impacto, tienes que pintar la imagen en las mentes del público.

Ayuda al público a *entender* lo que quieres decir.

Dato: *"Burj Khalifa es la torre más alta del mundo, con 828m"*

La frase constata un dato. Pero es solo un número.

No se acerca en ningún momento a pintar una imagen y quizás decir:

"Burj Khalifa es la torre más alta del mundo. Con 828m, tiene el tamaño de ocho estadios de fútbol puestos uno encima del otro."

Tu eres el pintor, y la mente de tu audiencia es un lienzo en blanco.

Evoca sus emociones. Explora sus sentidos.

Dale color a tu mensaje. Dale sombras.

Dale profundidad. Dale dimensión.

Dale gusto. Dale sabor.

Dale sentimiento. Dale textura.

La audiencia solo puede ver lo que tu ves, pero solo después de que hayas hecho un buen trabajo pintando la imagen para ellos.

"Sueño con pintar y luego
pinto mi sueño"

Vincent Van Gogh

21. PROYECTA PODER

Mmms, ahhs, si, como; ya sabes, bien, en verdad...

Ni se te ocurra.

Hay poder en las pausas.

El silencio es incómodo para la mayoría de gente.

Úsalo como tu juego de poder.

Tu habilidad para tener un momento de pausa sin usar palabras de relleno te ayudará a exudar *confianza.*

Te verán como a alguien que está *cómodo*, y *al mando.*

Las pausas ayudan a tu audiencia a absorber y pensar en lo que acabas de decir.

Las pausas tendrán a tu audiencia al borde de sus asientos, esperando que comuniques tu mensaje con impacto.

Las pausas son los signos puntuación que usarías si estuvieras comunicándote por escrito con tu lector.

Las pausas te dan porte.

Y para ser totalmente sincero, las pausas te consiguen un par de segundos para centrarte (si has perdido el hilo) y comunicar tu siguiente punto, con fuerza y decisión.

Te haces una idea.

Pausa.

"El silencio en el momento adecuado es más elocuente que las palabras"

Martin Fraquhar Tupper

22. CORTO Y CONCISO

Con todo lo que has aprendido hasta ahora, vuelve a tu charla.

Considera cada punto.

Pregúntate, *"¿Cómo puedo limpiarla? ¿Hacerla más corta? ¿Hacerla más impactante?"*

Cuando hables, tus frases tienen que ser largas solo por necesidad, no por elección.

¿Quieres que te pongan en el mismo saco que los grandes oradores, líderes y Presidentes?

Tú puedes.

Así es como los oradores más poderosos del planeta se ganan a la audiencia.

Usan

    a) Frases cortas

    b) Palabras simples

    c) Términos que todo el mundo puede entender y con los que se sienten identidicados

Calidad por encima de cantidad.

Menos es más.

"Una discurso tiene que ser como la falda de una mujer; suficientemente largo como para cubrir el tema, y suficientemente corto como para crear interés."

Anónimo

23. CIERRE PRESIDENCIAL

La gente recuerda la *primera* y la *última* cosa que dices.

Si tú público fuera entrevistado y les preguntaran qué punto recuerdan de tu mensaje, ¿qué sería?

¿Cuál es el resumen y la razón por la que has salido a hablar?

¿Cuál es el destino de tu mensaje?

El cierre es cuando estás instando mentalmente al público a la acción, a una respuesta immediata por su parte.

¿Cuál es tu llamada a la acción?

Tú puedes hacerlo.

Sigue el axioma del discurso público – *"Empieza con un inicio poderoso y cautivador, y termina con un cierre fuerte y memorable, y ponlos, los dos, lo más cerca posible el uno del otro"*

Nota: Si tienes tiempo para practicar, mírate los últimos dos minutos de tu político favorito (uno que sea buen orador) haciendo campaña. Su cierre debería ayudarte a *ver* cual es su mensaje y su llamada a la acción.

Termina de forma positiva.

Termina con esperanza.

Termina con una sonrisa.

Termina con porte.

Termina con fuerza.

Tus últimas palabras serán recordadas, haz que valgan la pena.

"¡Sí, Podemos!"

Barack Obama

Eslogan de la campaña, 2008

24. ERES MEJOR DE LO QUE CREES

Yo lo Creo.

Ahora solo tengo que enseñártelo y hacer que te lo creas tú también.

Primero de todo, tienes que creer que hay una razón por la cual te han pedido que hables. Hay un *valor* en lo que tienes que compartir con el público.

Ya puedes creértelo.

"Si crees que puedes, y si crees que no puedes, los más probable es que tengas razón "

Henry Ford

Segundo, para que no pienses que soy un charlatán motivacional del tipo *"¡tu puedes! ¡Venga vamos! ¡raaa raaa raaa!"*, deja que te muestre esta realidad, para ayudarte a creer en ti mismo.

Coge un aparato que grabe (ordenador, smartphone o cámara de vídeo si aún usas una) y grábate dando tu charla.

Tú...

a) Serás consciente de las partes que tienes que afinar.

b) Te darás cuenta de algo que siempre ayudo a ver a muchos de mis clientes cuando hacemos talleres de grupo o *training* uno a uno. Igual que en todos los casos en los que he trabajado, notarás que lo has hecho mucho mejor de lo que pensabas.

Ahora ve a grabarte, mira el vídeo y sorpréndete con el resultado de la prueba.

Lo sé, lo sé. Me puedes invitar a un café cuando nos conozcamos. Yo también te quiero.

25. BIEN ERGUIDO

Desde el momento en el que entras en la sala, o incluso cuando sales de tu coche, el momento en que te ven, es cuando *empieza el partido*.

Tu postura indica que eres confiado y estás al mando.

Tienes que caminar y, en última instancia, estar de pie con aplomo

Cómo apareces ante los demás, es la textura que das a lo que dices.

Cuando hables de pie, tus pies tienen que estar separados en en línea con tus caderas. Lo suficiente para aguantar el equilibrio. Lo que no quieres es tambalerte de lado a lado o mecerte hacia adelante y atrás.

Tus hombros tienen que estar para atrás, con la cabeza centrada, mirando al público.

Estás bien erguido.

Tus vías respiratorias están abiertas, para que respires y hables con facilidad.

Esta es la postura de un ganador.

Estableces tu autoridad, lo tienes todo bajo control, y los demás te ven cómodo y competente.

Haz tu papel .

Sé tu papel.

Bien erguido.

"Una buena postura y actitud reflejan un estado mental adecuado. "

Morihei Ueshiba

26. DESARMA Y CONECTA

¿Sabías que los niños sonríen más de 400 veces al día?

Este número se reduce a una media de solo 15 veces al día como adultos.

Cuando se trata de hablar en público, la media baja a solo unas pocas veces, y estoy siendo generoso.

Hay demasiadas personas que son geniales cuando las conozco una a una.

Y entonces, les toca hablar.

De golpe, parece que estén estreñidos (una imagen no muy agradable de ver).

Deja que te cuente algo.

Antés de la habilidad, viene la *amabilidad.*

Una cara sin expresión, enfadada o restreñida no transmite amabilidad ni simpatía.

Los humanos gravitamos hacia la sonrisa natural.

Nos sentimos bien cuando sonreímos (o cuando vemos a los demás hacerlo)

Antes de que tengas la oportunidad para demostrar tu habilidad, tienes que ganarte al público. Sonreir te hace amable y simpático.

Siendo amable y simpático conseguirás un público dispuesto a *escuchar*.

Puedes decirle al público que estás feliz de verles, de estar con ellos, y compartir tu mensaje. Pero tienes que dejar que tu cara lo sepa también.

Puedes decir todo eso tan solo con una sonrisa genuina y auténtica.

Tienes que entender que tu expresión facial tiene que estar en la misma línea que lo que estás diciendo. A no ser que estés hablando en un funeral o hablando con los medios de comunicación en un momento de gestión de crisis, sonreir es la forma más rápida de desarmar y conectar con tu audiencia.

Si lo usas o no depende de ti, según el contexto de cuándo, dónde y por qué estás hablando.

Sonreir no cuesta nada, pero te consigue ilimitada buena voluntad.

Tendrás a la mayor parte del público en el bolsillo desde el primer momento.

Sonreir es una arma. Úsala.

"Tu sonrisa es un mensagero de buena voluntad."

Dale Carnegie

27. MUÉVETE CON PROPÓSITO

No te quedes simplemente ahí detrás del atril (a no ser que estés dando un discurso público retransmitido a todo el mundo).

No te escondas detrás de objetos. No te salvarán.

No te muevas sin un propósito. El público se irá asustado y herido.

No des vueltas y te tambalees. Llamarán a los paramédicos.

No te quedes plantado en el mismo sitio. Te van a confundir con los muebles.

Recuerda, el público no tiene mucha capacidad de concentración.

Cuando consigues captar su atención al principio, tienes que mantenerla continuamente.

Tienes que atraerles con todo lo que tienes.

Usa el espacio que tienes.

Dependiendo de la situación, podrás moverte solo través de una dimensión (por ejemplo un escenario), con lo cual tendrás *izquierda*, *centro y derecha*.

Si estás en una sala, puedes utilizarla toda.

Muévete. Pero solo con propósito.

Muévete a un lado de la sala, y habla de un punto.

Entonces puedes dar la señal de que vas a hablar del siguiente punto moviéndote otra vez.

Esto atraerá al público, te ayudará a cubrir la sala y, lo más importante, te ayudará a comunicar tu mensaje con impacto.

Mucho mejor que ser un conferenciante del tipo 'tieso como un palo detrás del atril', ¿no te parece?

"Puedes tener ideas brillantes, pero si no puedes transmitirlas, tus ideas no te llevarán a ningun lado."

Lee Iacocca

28. LENGUAGE DE SIGNOS

Los gestos son imprescindibles para transmitir tu mensaje. Una vez más, con un próposito.

No agites los brazos como si estuvieras teniendo un ataque o intentando matar 3 moscas de un manotazo.

Mantén los brazos por encima de la cintura.

Tus gestos son el lenguage de signos. Tienen que estar *en línea* con tu mensaje.

Tus manos tienen que moverse, solo cuando quieres plantear una idea o introducir un punto.

Si dices que algo es *grande*, asegúrate que tus gestos reflejan 'grande' y no otra cosa.

Te pido, por favor, que no hagas un gesto porque se lo has visto hacer a algun personage público.

La *postura de poder*, lo es para aquellos a quien les sale hacerla de forma natural. No es una postura que puedas aguantar durante diez minutos porque *piensas* que emana poder.

No solo parecerás un idiota, sinó también *falso* y *antinatural*.

El público no quiere nada falso. Quieren un orador auténtico y real.

La autenticidad es lo que hace que te ganes el respeto del público.

¿Quieres parecer fuerte y convincente?

Coge algunos gestos de presidentes y grandes oradores, mira cuales quedan bien con tu personalidad, y entonces úsalos como parte de tu repertorio. Puede que quieras usar el *gesto de la mano en C* de Obama o juntar las manos por las yemas de los dedos (lo que se llama *steeple*) como hace Donald Trump.

Escojas lo que escojas, tiene que parecer natural en ti.

"Nada impide tanto ser natural como el deseo de parecerlo."

Francois de La Rochefoucauld

29. SÉ MAGNÉTICO

Son seductores. Son carismáticos. Son encantadores. Son enigmáticos. Tienen una presencia innegable.

Tienen un algo.

Llaman la atención.

Estás son algunas de las cualidades atractivas que la gente nota en los grandes oradores.

¿Te gustaría ser más carismático?

¿Te gustaría tener más presencia?

¿Y si pudieras ser Magnético?

Fácil.

Mira adelante. Haz contacto visual.

Mucha gente comete el error de hablar mirando al suelo.

Otros miran a todos lados menos al único sitio que realmente importa – *el público*.

Sé que debes estar pensando "*Pero Kevin, es demasiada presión tener que mirar a un público de 5, 50, 500 o 5000 personas".*

Relájate. Vamos a re-etiquetarlo.

No estás dando una charla a quinientas personas.

Estás hablando de *una en una*, quinientas veces.

Separa al público en tu mente en 6 partes, dependiendo de la colocación.

Fondo Izquierdo	*Centro*	*Fondo derecho*
Delante Izquierdo	*Centro*	*Delante Derecho*

Cada vez que plantees un punto, mira hacia una de estas partes.

Más importante aún, busca una cara que esté prestando mucha atención a lo que estás diciendo.

Mírale a los ojos y plantea tu idea.

Habla como hablarías con ellos si estuvierais uno a uno.

Cuando sea el momento de plantear el siguiente punto, mira hacia otra parte del público, escoge una cara, mírale a los ojos y continúa hablando.

Verás que pasarás por las diferentes partes del público varias veces, y cada vez tendrás una conversación uno a uno con alguien distinto.

De golpe, tus turnos de uno a uno van a sumar un buen trozo del público.

Beneficios:

Conectas con el público uno a uno.

Creas fans que te admiran dentro del público.

Trabajas con el público, haciéndolos partícipes.

Haz conexiones uno a uno mirando a la gente a los ojos, manteniendo la mirada (de forma amable, sin parecer un loco) mientras vas planteando tus puntos.

Los ojos son, ciertamente, las *ventanas del alma*, y cuando haces esto de forma natural y relajada, el público mirará dentro de ti y percibirá tu autenticidad.

Pensarán que eres magnético, y tú lo notarás.

30. LA VOZ

Quieres ser escuchado.

Quieres que te entiendan.

Quieres transmitir tu mensaje con claridad.

Tu habilidad para hablar con una voz que proyecte autoridad, confianza, entusiasmo y importancia dará más peso al contenido de lo que estás diciendo.

De todos modos, este deseo normalmente se convierte en una metedura de pata muy común - gente que habla demasiado alto.

Quieren que su mensaje llegue, así que *gritan*.

> "Cuanto menos sabe la gente, más grita."
>
> Seth Godin

Gritar tu mensaje no te ayudará. Dañarás los oídos del público, y los alejarás del mensaje que estás intentando transmitir.

Nota: hablar con voz demasiado baja también desviará la atención del público. En lugar de escuchar tu mensaje, estarán haciendo apuestas entre ellos para intentar adivinar qué palabras estás murmurando.

Quieres una voz de mando.

Quieres una voz clara.

Quieres una voz auténtica – tu voz.

Implementar variedad vocal te ayudará a enfatizar tus puntos clave.

Alegría, tristeza, empatía, pasión - los puedes trasmitir todos con tu voz.

Imagínate *lo que dices* como si fueran dibujos delineados en la mente de tu público. Luego les has puesto sombras con tu postura, movimiento y gestos. Tu voz es lo que da color y vida a estos dibujos (*cómo lo dices*)

Tan pronto como empezamos a trabajar juntos, les digo a mis clientes que paren de usar su *voz de postura perezosa*. Ya sabes , aquella postura (y la voz resultante) que tienes después de un día muy largo.

Te estás cayendo y lo único que quieres hacer es arrastrarte desde el suelo hasta un sofá.

No hables superficialmente (usando solo el aire que tienes en a boca).

Quieres y necesitas una voz fuerte que venga de dentro de ti, de tu núcleo, de tu interior.

Pon la mano justo debajo de tu caja torácica y siente como coges aire profundamente expandiendo tu diafragma. Esto debería hacer que tu mano se mueva hacia adelante y hacia atrás (no arriba y abajo).

¿Recuerdas la lección de Mamá? Diez respiraciones profundas, entonces empieza a hablar.

Presta especial atención a proyectar la voz desde el diafragma.

Será raro al principio, pero esta es tu *voz real* - tu voz auténtica.

Con práctica, cautivarás a la audiencia con tu voz auténtica.

Experimentarás un sentimiento increíble de autoridad, control y paz, hablando desde tal profundidad.

Tu público oirá y notará una diferencia remarcable.

Bienvenido a la voz de tu futuro.

31. QUIERO SER OBAMA

No, no quieres (aunque es innegable que Obama es un gran orador)

Pero realmente, no quieres.

Ok, voy a ser la persona que te rompe el corazón (el amor es duro) y te lo voy a decir.

Nunca serás Obama.

Si te hace sentir mejor - Obama nunca podrá ser tú, tampoco.

El error que mucha gente comete (y esto lo puedes ver en chicas que se estropean haciéndose malas cirugías plásticas) es que quieren ser alguien diferente.

No puedes ser nadie más que tú mismo.

No empieces una lucha que seguro que vas a perder.

Lo más cerca que puedes llegar, es a ser "*como Obama*". Y ser *como* alguien no es un cumplido.

No puedes ser mejor que alguien (o vencerlos) en ser ellos mismos, y ellos no pueden ser mejores que tú en ser tú mismo.

Solo puedes llegar a ser la mejor versión de ti mismo.

Usa gente como Obama como inspiración, no imitación.

Se tú mismo.

Hazte a ti mismo.

"Sé tu mismo.

Los demás ya están cogidos. "

Oscar Wilde

32. QUEDARSE EN BLANCO

¿Qué pasa si estás allí de pie hablando y de golpe te quedas en blanco?

No te preocupes. A veces pasa.

> "El cerebro humano expieza a funcionar en el momento que naces y nunca se detiene, hasta que te pones de pie para hablar en público"
>
> George Jessel

Voy a darte dos técnicas rápidas que te servirán para siempre cuando hables en público.

a) La primera técnica es el uso de *activadores*

Dentro del flujo de tu historia, los *activadores* te ayudarán a recordar y conectar los puntos y ideas unos con otros. Puedes usar cualquiera de las técnicas siguientes, o todas ellas, para ayudarte a hablar con impacto.

i) Plantea y presenta tus puntos, dándoles un orden y

numerándolos (1. 2. 3. 4. 5.).

ii) Historias con puntos que contrastan unos con otros (con altos y bajos, guíandote mentalmente hacia la siguiente escena)

iii) El uso de tus dedos (esto es ordenarlos y numerarlos de forma física, para ayudarte a recordar ideas)

iv) Movimiento corporal (algunos puntos y los movimientos que hagas conectados con ellos durante tu línea argumental traerán consigo la visión de lo que viene a continuación).

b) La segunda técnica es la que ya hemos tratado, *re-etiquetar*.
.

Re-etiquera a tu público, de *archienemigos* a *amigos*.

Estás entre amigos.

¿Para qué están los amigos?

Piensa en ellos como diciendo, en palabras de Jerry McGuire, *"Ayúdame, Ayúdate"*

Si alguna vez te quedas en blanco y no tienes ni idea de donde estabas, *admítelo* - pide ayuda al público.

Yo lo hago. Y a mí me pagan por hablar.

Más de una vez y más de dos le he dicho al público, *"Sabéis qué, debo ser un pez de colores, y debo estar fuera del agua, porque no tengo ni idea de lo que estaba diciendo. ¿Por donde iba, compañeros?"*

El público se ríe (1 punto), ven que soy auténtico (1 punto) y participan activamente en recordarme (a mí y a ellos mismos) qué es lo último que he dicho (1 punto).

De golpe, has transformado lo que más temen a la gran mayoría, y lo has convertido en una ventaja para ti.

Esta es la ventaja de ver al público como amigos.

Y ahora, ¿Por dónde iba?. Ah, sí ☺

33. LLEGA TEMPRANO

¿Dónde es tu charla?

Ves a mirar la organización del sitio. Acostúmbrate al lugar. Date una vuelta.

Es increíble como esta medida, por sí sola, puede influir positivamente en el resultado general.

Sea el día de antes o una hora antes, tener acceso al lugar donde tienes que hablar, saber donde vas a estar de pie hablando, ver la disposición de la sala, acostumbrarte a la sala/auditorio, hacer algunas pruebas de sonido, será todo muy útil.

Tu mente almacenará el contexto, las sensaciones y los alrededores. Cuando te toque dar la charla real, tu mente considerará que estás en un lugar familiar, y esto te ayudará a estar más a gusto.

Presta mucha atención a lo que voy a decir ahora.

Llegar temprano te deja actuar como un huésped *no oficial*, conocer a los asistentes a medida que van llegando, hablar con ellos, llegar a tratarlos por el nombre de pila y construir una buena relación.

Esto aumenta tu simpatía y amabilidad en la mente de las personas con las que conectas.

Cuando le gustas a la gente, confían en ti.

Cuando confían en ti, te escuchan.

El hecho que estés tomándote un tiempo para conocerles aumentará significativamente la posibilidad de que les gustes, confíen en ti, y cuando haga falta, te escuchen de verdad.

"No puedes hacer una tortilla sin romper huevos "

Proverbio

34. HECHO A MEDIDA

Deja entrar a la audiencia y hazla partícipe de lo que dices.

Como un traje hecho a medida, no hay nada más atractivo que un mensaje hecho a medida.

Destacarás y te verás lo mejor posible.

EL público se sentirá identificado con tu mensaje. Se sentirán conectados.

Siempre tienes que intentar entender

1. ¿Quién es tu audiencia?

2. ¿Cuál es el contexto? ¿Hay algún asunto apremiante?

3. ¿Porqué estás hablando?

4. ¿Qué se esperea de ti cuando sales a hablar?

Esfuérzate constantemente para adaptar tu mensaje, a cada oportunidad que tengas.

Ejemplo A: Puedes agradecer a la audiencia que haya viajado desde lejos para estar en esta presentación internacional de tu producto diciendo algo como *"Toni Gonzales ha viajado desde México para estar con nosotros aquí en Malasia, y igual que a él, quiero agradaceros a cada uno de vosotros el haberos tomado el tiempo y haber hecho el esfuerzo para estar aquí hoy. Os van a encantar los beneficios y novedades que ofrece nuestro nuevo dispositivo, a vosotros y a vuestros clientes"*

Ejemplo B: Puede que estés representando a tu gobierno y haciendo un discurso público en una conferencia de "energía verde", que gira alrededor de la idea de utilizar los cerebros de los jóvenes.

Llegas pronto y conoces a algunos de los asistentes, entre los cuales está un caballero de unos 30 y pico, que es claramente un apasionado sobre el tema. Te cuenta un poco lo que su equipo está implementando.

Como parte de los puntos que ganarás al dar un discurso obviamente bien construido y claro, incorpora esta conversación como un ejemplo real para dar soporte a la idea que estás presentando.

"Creo que tenemos grandes cantidades de energía proveniente de recursos naturales que no hemos explotado, y más importante aún, del talento que hay alrededor nuestro. Por ejemplo, miremos a Khalid, que ha compartido conmigo algunas ideas brillantes que él y su equipo han estado desarrollando y llevando a cabo en el último año. Yo, ciertamente, voy a hacer un seguimiento del tema con él, pero os digo, oportunidades y talento los hay por todos lados. Simplemente tenemos que despertarnos y buscarlos activamente."

Recuerda: A todos nos gustan que nos hagan trajes a medida

35. CONTROLA AL ELEFANTE

Si hay un elefante en la sala, señálalo

¿Crisis y despidos? Habla de ellos.

¿Retos y desafíos a los que enfrentarse? Habla de ellos.

¿Errores cometidos? Habla de ellos.

Un día importante en la historia, menciónalo.

Ya sea una tontería o algo importante, los problemas tienen que tratarse.

Hace algunos años, estaba de gira dando unas charlas. En una conferencia en los Emirates Árabes Unidos, hice un discurso principal a un grupo. 15 minutos más tarde, la primera pregunta que me hicieron no tenía nada que ver con el discurso.

La mujer joven del fondo cogió el micrófono y preguntó, "*¿de dónde es su acento?*".

Por mi experiencia, mi pasado y mis viajes constantes, se considera que tengo algo así como un acento extraño de *alguien que no es de ningún lado*.

Creí que esto era algo perqueño e insignificante. Pero no lo era.

Era un elefante que se había puesto en el camino de mi mensaje. Fue una lección, y aprendí que tenía que tratarla desde el principio, antes de comunicar mi mensaje.

Algunos elefantes son más grandes que otros.

Ponte en el lugar del público.

Adivina lo que deben estar pensando.

¿Tienen preguntas? ¿Preocupaciones?

No pases por alto cosas. Trátalas por adelantado.

El holding del Buffet Warren, Berkshire Hathaway (cuyas acciones individuales suelen ser superiores a los $100,000) acostumbran a empezar su informe anual explicando a sus inversores en qué se han equivocado, y los problemas y retos que han tenido. Solo después de tratar de esto, hablan de los resultados.

Si el público siente que un problema debe ser mencionado, habla de él.

Si no lo haces, estás perdiendo el tiempo.

El público no te estará escuchando.

No pueden.

Hay un elefante en el medio.

"Los intelectuales resuelven los problemas, los genios los previenen."

Albert Einstein

36. LA PRÁCTICA ESTÁ SOBREVALORADA

No, no lo está.

Una vez tengas tu mensaje estructurado en un flujo, practicar es de absoluta necesidad .

Hace muchos años, conocí a Ser Anthony Hopkins en Sydney. La increíble presencia que este hombre tiene en los papeles que ha representado no viene simplemente de aparecer en el plató sin estar preparado. Se leía el guión y la historia miles de veces. Se convertía literalmente en los personajes que estaba representando. Tal era su dedicación al arte de actuar y hablar.

No estoy diciendo que te conviertas en un personaje cada vez (aunque, en verdad, deberías hacerlo si tienes tiempo), pero quiero que te des cuenta de que los mejores oradores practican sin descanso.

Cuando más hayas practicado, más cómodo, confiado y con todo bajo control te sentirás

Cuanta más practica tengas en tu haber, más a gusto te sentirás con tu mensaje.

Y entonces, podrás centrarte en comunicar con impacto.

Todo lo que he compartido contigo a través del libro asegurará que practiques con facilidad.

Las mejores figuras políticas y Directores Ejecutivos practican mucho y duramente. Encuentran tiempo en medio de sus agendas apretadas para hacerlo. Lo hacen todo el día, toda la noche, en los descansos de la comida, entre reunión y reunión, caminando por la calle, en el cuarto de baño, literalmente en todos lados. Incluso puede que me veas caminando por tu ciudad como un loco hablando solo. Es práctica.

Mira a los comediantes, por ejemplo, se les ocurre nuevo material y van a probarlo en los bares locales. Reciben *feedback*, ven las reacciones, lo que gusta, lo que no, lo que hay que refinar, lo que hay que quitar.

A cada oportunidad que tengas, practica.

Practica mentalmente, físicamente, visualmente y vocalmente.

No puedes solo leer un texto y llamarlo práctica.

Se llama hablar en público. Tienes que hablar.

Cuando te oyes hablar a ti mismo, te das cuenta de lo que necesitas cambiar, de como fluye el contenido, que cosas hay que quitar o introducir. Es increíble cuantas cosas puedes autocorregir simplemente escuchándote y sintiéndote hablar a ti mismo.

Si tienes tiempo, llama a algunos amigos. Tal vez tienes un gato que tendrá que sufrir un poco. Si todo lo demás falla, opta por un *feedback* creíble e infalible- el espejo de la pared.

"No tengas miedo de hablarte a ti mismo.
Es la única manera de estar seguro que
alguien te escucha."

F.P. Jones.

37. EL DÍA DEL JUICIO

Nunca juzgues un libro por la cubierta.

Y, sin embargo, todos lo hacemos.

El público te va a juzgar, te guste o no, te lo merezcas o no.

Es tu responsabilidad ganar todos los puntos posibles.

Aquí tienes algunos puntos fáciles que *debes* marcar.

Esto ha sido incluido porque estoy sorprendido, aún a día de hoy, de que el sentido común no es tan común como parece.

1. Arréglate bien. No debería estar diciendo esto, pero lo diré. Vístete bien. Vístete para la ocasión. Haz tu papel. Ante la duda, vístete más elegante.

2. Huele bien - Otra vez, no hace falta decirlo, tienden a gustarnos más aquellas personas que huelen bien. Dúchate antes de ir a dar la charla. Tienes que estar limpio y fresco. Un mal olor corporal es incómodo para el público y les distraerá.

3. Siéntete bien. De la cabeza a los pies, lleva solo ropa que te

haga sentir cómodo. No te pongas una camisa de seda de $300 si eres alérgico a la seda. No importa lo que hayas pagado o lo bien que quede en la cámara. Quieres lucir bien, no como alguien que esté intentando arrancarse las pulgas del pecho - *va a distraer a los demás.*

38. SE HA ACABADO EL TIEMPO.

El público aplaudió - *porqué querían que se bajara del escenario*.

Al público no le gustará nada que le digan que una presentación de ventas va a durar 30 minutos y acaben siendo 90, o que un discurso público sea supuestamente de 8 minutos y acaben siendo 27.

Cíñete al tiempo. De hecho, termina *antes* de tiempo.

Nadie se quejará si acabas antes de tiempo.

El público va a apreciar y agradecer que termines antes de lo esperado.

El sentimiento que tienes que aspirar a dejar en tu audiencia es "q*uiero más*".

Estés dando una presentación de negocios de *tres minuto*s en un programa de televisión, dirigiendo una reunión de la junta o hablando en un escenario, cíñete a tu tiempo.

Esto es un criterio no negociable para tu imagen general y los resultados finales.

Deja al público con ganas de más.

"Sé sincero, sé escueto, toma asiento"

Franklin Roosevelt

.

39. VISUALIZA EL SUCESO

Visualízate dando una charla muy buena.

Visualiza las interacciones.

Imagínate al público aplaudiendo porque les ha gustado tu charla.

El público estaba encantado.

Han entendido tu mensaje claro y les has inspirado a actuar (dependiendo del propósito de tu charla).

Visualiza todo el proceso de haber dado una charla con impacto de principio a fin.

Lo has Clavado.

Repite este proceso de visualización tantas veces como puedas.

Tu mente no sabe diferenciar realidad de ficción.

Cuando toque salir a la acción, tu subsconsciente estará diciendo *"Ey, esto me suena. Hemos estado aquí antes. Sé exactamente lo que tengo que hacer. Vamos a por ello"*.

"Siempre hay tres discursos, por cada uno que das. El que has practicado, el que has dado, y el que te gustaría haber dado. "

Dale Carnegie

40. LEVÁNTATE. ¡HABLA!

Gente como Martin Luther King, Winston Churchill y John F. Kennedy conquistaron la imaginación de su audiencia, su gente y su nación.

Transmitieron su mensaje de tal manera que se hicieron, a sí mismos y a sus mensajes, memorables.

Tú también puedes hacer los miso, no importa quien seas o la posición en la que estés.

He mencionado a estos "Grandes" porque empezaron desde un lugar muy familiar para la mayoría de nosotros.

Martin Luther King (MLK) alcanzó y llegó a su audiencia no solo leyendo palabras. Les dió *vida*. Tocó los corazones y las mentes de la gente.

Esto suceció gracias a la práctica. MLK sacó una "C" en su clase de discurso público en la universidad.

Winston Churchill (WC) inspiró a una nación. Muchos no lo saben, pero no era un orador natural. Pasaba horas, días y semanas sin fin practicando y mejorando sus discursos.

Debes saber que WC sufría de palmas sudorosas y ataques de lágrimas mientras se preparaba para sus charlas. También tartamuedaba.

John F Kennedy (JFK) trabajó duro para convertirse en un hombre que simboliza un gran orador. Lo consiguió con práctica, entrenamiento y esfuerzo.

A JFK le *temblaban* las manos y las rodillas, al principio de su carrera.

El rasgo común de estos *Grandes Oradores* es que pasaron mucho tiempo desarrollando y mejorando sus habilidades de discurso público, hasta transformarlas en una forma de arte.

Tú también puedes hacer lo mismo.

Entrenamiento, esfuerzo, concentración, conocimiento, práctica - *siempre.*

Este libro te ha dado mucho material con el que empezar.

Solo puedes mejorar, comunicar mejor y sentirte mejor, a través de la acción.

Deja que se oiga tu mensaje.

"Sé tan bueno que no puedan ignorarte"

Steve Martin

EN UNA ESCALA DEL 1 AL 10

¿CÓMO TE SIENTES AHORA CON RESPECTO A TU HABILIDAD
PARA HABLAR EN PÚBLICO?

1 2 3 4 5 6 7 8 9 10

No muy confiado   Absoluta confianza

¿PODEMOS AYUDARTE, A TI Y A TU GRUPO?

Proyección de voz

Lenguaje corporal

Redacción de discursos

Training en habilidades de presentación

Training en representación de ventas

Training en discurso público

Habilidades en el escenario

Training en medios de comunicación

Shadowing

TIPO DE SERVICIOS, INCLUYENDO

Boutique en persona, tranining uno a uno

Comunicación Ejecutiva y Coaching de Liderazgo

Talleres privados para grupos

Gestión de Crisis

Consultoría de Comunicación

Contacto y contratación de servicios:

Info@KevinAbdulrahman.com

"Desarrollar habilidades de comunicación excelentes es absolutamente escencial para un liderazgo eficaz.

El líder tiene que ser capaz de compartir conocimientos e ideas que transmitan un sentido de urgencia y entusiasmo a otros.

Si un líder no es capaz de transmitir su mensaje de forma clara para motivar a los demás, entonces tener un mensaje ni siquiera importa."

Gilbert Amelio

www.ingramcontent.com/pod-product-compliance
Lightning Source LLC
Chambersburg PA
CBHW070908180526
45168CB00005B/1966